Vaders zijn moeders met ballen

Dit boek is gepubliceerd door
Tirion Uitgevers BV
Postbus 309
3740 AH Baarn
www.tirionuitgevers.nl

Vormgeving omslag en binnenwerk:
Hans Britsemmer
Omslagfoto: Nick van Ormondt

ISBN 90.4390.828.2
EAN 978.90.4390.828.3
NUR 370

Daphne Deckers

Vaders
zijn moeders
met ballen

De 200 leukste quotes over het vaderschap,
verzameld door Daphne Deckers

TIRION

Voorwoord

Tijdens het schrijven van *De geboorte van een moeder* ben ik begonnen met het verzamelen van aansprekende quotes over het vaderschap en het moederschap om deze tussen de tekst te plaatsen. Het viel me al snel op dat het niet makkelijk was om leuke citaten bij elkaar te krijgen. De meeste verzamelboekjes bevatten namelijk vooral citaten van mensen uit een ver verleden, terwijl ik juist op zoek was naar opvallende uitspraken van mensen van nú. Toen ik voor *De geboorte van een gezin* wederom op zoek ging naar leuke uitspraken, besloot ik dan ook om ze voor mezelf te gaan verzamelen. En dus heb ik de afgelopen jaren allerlei interviews, boeken en publicaties nageplozen op grappige, verrassende of juist tenenkrommende uitspraken over het moederschap en het vaderschap. Het resultaat is nu gebundeld in twee boekjes: *Even aan mijn moeder vragen* en *Vaders zijn moeders met ballen*.

Het is een bonte collectie geworden van vrolijke en soms juist verdrietige uitspraken en ik hoop dat je er veel plezier aan zult beleven.

Daphne Deckers

De eerste jaren viel het **ouderschap** tegen. Mijn vrouw en ik werden gestoord. We waren volledig geïsoleerd van de buitenwereld, zagen niemand meer en hadden ineens een paar gillende, poepende monsters om ons heen.

Robert ten Brink, presentator, vader van vijf dochters

Een **tornado** raasde voorbij, ontwortelde een grote boom in de voortuin en vernielde een huis aan de overkant van de straat. Mijn vader ging naar de deur, deed 'm open, bekeek het spoor van vernieling en mompelde: 'Die rottige kinderen ook!' en deed de deur weer dicht.

Tim Conway, comedy-acteur

Ik ben in de eerste en laatste instantie **fulltime vader** van vier zonen.

Bart Chabot, schrijver/dichter

Ons een na jongste kind is tien jaar dus ik dacht dat we klaar waren, maar ik ben heel dankbaar dat we toch nog een baby kregen. Ik vind het fantastisch om vader te zijn, het heeft ons **weer jong** gemaakt.

Mel Gibson, acteur en vader van zeven kinderen

Natuurlijk leken de **Romeinen** op ons, maar vergis je niet in de verschillen. Ik heb ooit een brief gevonden die een Romein schreef aan zijn vrouw. De brief staat vol ditjes en datjes en halverwege komt hun aanstaande kind nog even ter sprake. 'O ja, de baby is onderweg, niet? Weet je wat je doet? Als het een jongen is, hou je het, als het een meisje is, gooi je het weg.'

Jonathan Stamp, historicus

Ik ben opgegroeid in een groot gezin, dus familie is belangrijk voor me. Mijn eigen gezin is **mijn anker**. Het houdt me in balans. Vanaf een sterke basis kun je verder springen.

Will Smith, zanger en acteur

Het **vaderschap** is iets dat moet groeien. Je bent niet in één keer de perfecte vader. Je moet alleen niet de fout maken om er nooit te zijn, zeker niet in deze tijd.

Victor Löw, acteur, vader van zoon Gilliam

Het heerlijkste wat er bestaat: de **slappe lach** hebben met je zoon.

Xander de Buisonjé, zanger, vader van Sem

Zonder mijn gezin was ik **nooit** de man geworden die ik nu ben.

Denzel Washington, acteur

Hoe word je iemand? Daar zijn twee manieren voor: **opvoeding en afstamming**. Welke van de twee het hoogst staat aangeschreven, blijkt al uit de woorden opvoeding en afstamming.

Midas Dekkers, bioloog en schrijver

De beste **leermeesters** zijn, gek genoeg, kinderen. Zij brengen levensvragen zo mooi en onbevangen onder woorden.

Henny Huisman, presentator

Ik wil alle vaders en moeders helpen herinneren dat het **beste wapen** tegen televisieprogramma's die je niet in je huis wilt hebben, de aan-en-uitknop is.

George Bush, president van de Verenigde Staten

Kinderen zijn net pannenkoeken. De eerste
mislukt altijd.

Youp van 't Hek, cabaretier

Achteraf heb ik wel spijt dat ik mijn ándere twee
kinderen niet meer aandacht heb gegeven.
Stanley voetbalde ook, maar ik ging altijd naar
Marco kijken, die was beter.

Joop van Basten, vader van Marco van Basten

Je kunt je kinderen vooral helpen door eerst
zélf volwassen te worden.

Anoniem

Zodra kinderen kunnen praten, zetten ze je **voor schut**.

Johan Cruijff, voetballegende

Alles draait om rust, reinheid en regelmaat. Natuurlijk mag je je **kinderen slaan**. Als je het maar rustig doet, vooral regelmatig – en altijd eerst je handen wassen!

Freek de Jonge, cabaretier

Sinds Orlando is **gestopt** met voetballen, zorgt hij meestal voor de kinderen. Hij draait er zijn hand niet voor om. Als ik straks thuiskom, is Orlando de rust zelve.

Quinty Trustfull, presentatrice

Ik denk dat de reden waarom mijn vrouw en ik kinderen namen, dezelfde reden was waarom Napoleon besloot om Rusland binnen te vallen: het léék zo'n **goed idee**.

Bill Cosby, acteur en schrijver

Als je thuisblijft met je kinderen op regenachtige zaterdagen en zondagen, die uitsluitend zijn gevuld met tekenen, kleien en pim-pam-pet, dan ben je pas **een kerel**! Zo'n berg is niks. **Flauwekul**. Dat kunnen we allemaal.

Haye van der Heyden, comedyschrijver, over vaders die zonodig de Mount Everest moeten beklimmen

Een **wijze vader** kent zijn eigen kind.

William Shakespeare, toneelschrijver

Als ik door te zingen een stervend kindje blij kan maken, moet God wel bestaan.

Frans Bauer, zanger, over zijn werk als ambassadeur van Villa Pardoes

Ik neem afscheid van het publiek om een reden die alle papa's en mama's begrijpen: ik wil mijn jonge kind zien opgroeien.

Luciano Pavarotti, zanger (69), over zijn dochter Alice (2)

Om een succesvolle vader te zijn moet je één regel goed onthouden: wanneer je een kind krijgt, kijk er dan de eerste twee jaren niet naar om.

Ernest Hemingway, Amerikaanse schrijver

Vóór ik trouwde had ik zes theorieën over het opvoeden van kinderen. Nu heb ik zes kinderen en geen theorieën.

John Wilmot, graaf van Rochester en dichter (1648-1680)

Wat opvoeden betreft, geloof ik in geven en nemen. Ik geef de orders en mijn kinderen hebben ze maar te nemen.

Bernie Mac, Amerikaanse komiek

Ik kan niets bedenken dat belangrijker is voor een klein kind dan de bescherming van een vader.

Sigmund Freud, Oostenrijkse psychiater

Michael Jackson wordt vader! Hij heeft al honderden knuffeldieren en speeltjes gekocht – en ook nog wat spullen voor de baby.

David Letterman, talk show host

Mijn zoon is tegenwoordig aan het mediteren. Nou ja, dat is tenminste beter dan dat-ie niks zit te doen.

Max Kaufmann, comedyschrijver

Ik vind het niet zo belangrijk hoe mensen later op mijn carrière terugkijken. Het allerbelangrijkste vind ik hoe mijn kinderen straks op hun jeugd terugkijken.

Marco Borsato, zanger

Ja, ik ben **erin geluisd**.

Prins Albert van Monaco, over het zoontje dat hij bij zijn ex-vriendin bleek te hebben.

De beste manier om kinderen goed te maken, is ze **gelukkig** te maken.

Oscar Wilde (1854-1900), Engelse schrijver

Er is geen **kussen** zo zacht als de sterke schouder van een vader.

Richard L. Evans (1906-1971), Amerikaanse religieuze leider

Mijn vader? Die ken ik niet. Ik heb zelfs nog nooit een foto van hem gezien.

Eminem, rapper

We hebben het altijd **te druk** voor onze kinderen. We geven ze nooit de tijd of de aandacht die ze verdienen. Wel geven we hen heel veel cadeautjes; maar het meest waardevolle geschenk – onze persoonlijke aandacht, die zoveel voor kinderen betekent – geven we maar mondjesmaat.

Mark Twain, schrijver

Ik hoop dat **deze wereld** ooit begrijpt dat je alle problemen oplost als je goed voor de kinderen zorgt. Als wij alle plichten zouden vervullen die voortkomen uit de rechten van het kind – het zijn er een dikke vijftig – dan is er geen oorlog meer en geen honger. Zo simpel is het.

Herman van Veen, zanger en schrijver

Het is **makkelijker** voor een vader om kinderen te krijgen, dan het is voor kinderen om een echte vader te krijgen.

Paus Johannes XXIII (1881-1963)

We moeten tegen onze kinderen zeggen: we houden van je, maar liefde en discipline gaan hand in hand, en zware misdragingen hebben zware **consequenties**.

George Bush, president van de Verenigde Staten

Ieder kind wil een klusje voor je doen. Als je het maar **rond bedtijd** aan ze vraagt.

Red Skelton, beroemde Amerikaanse clown (1913-1997)

Hoe meer mensen verschillende methodes van **opvoeding** hebben bestudeerd, hoe meer zij tot de conclusie zijn gekomen dat wat een goede vader of moeder instinctief aanvoelt dat hij of zij moet doen, meestal ook het juiste is.

Dr. Benjamin Spock, icoon van de pedagogiek

Het blijft opmerkelijk dat een man die een **sabbatical leave** neemt om middels een voettocht door Tibet inzicht te krijgen in zichzelf, daarvoor méér respect krijgt dan een man die een paar maanden vrij neemt om voor zijn kind te zorgen.

Daphne Deckers

Mijn kinderen weten wanneer het **menens** is. Ik tel tot drie – en bij twee zitten ze al rechtop. En als ik in het Duits begin te tellen, weten ze helemáál dat het menens is!

Arnold Schwarzenegger, acteur en gouverneur van Californië

Wanneer onze kinderen hun **vuile kleren** laten slingeren, gooit Arnie ze meestal in de open haard. Soms verstopt hij ze, maar ze krijgen ze in ieder geval nooit terug.

Maria Shriver, presentatrice en vrouw van Arnold Schwarzenegger

Je kan het niet aan een vader overlaten om de juiste kledingcombinatie uit te kiezen. Voor hem is het **toppunt van mode** twee bij elkaar passende schoenen.

Bill Cosby

Seks leidt tot meer kinderen, maar kinderen leiden niet tot meer seks.

Daphne Deckers

Het begrijpen van het **verzet** van uw kind is voldoende om het weg te nemen.

John Gray, relatietherapeut

Of ik iets geleerd heb van mijn kinderen?
Ja, zoals je leert van een lekke band.

Prof. Maarten Doorman, filosoof en dichter

Nu ik een zoon heb, wil ik zo lang mogelijk
leven want ik wil hem zien opgroeien.
Sommige dingen die ik deed vóór zijn geboorte,
zou ik nu niet meer doen.

Colin Farrell, acteur

Neem nooit kinderen. Neem kleinkinderen.

Gore Vidal, Amerikaanse schrijver

Vanuit de geestelijke wereld is nedergedaald dit kind. Zijn raadsel hebt gij te ontsluieren, van dag tot dag, van uur tot uur.

Rudolf Steiner, grondlegger van de antroposofie

Mijn moeilijkste gevecht was met mijn eerste vrouw.

Mohammed Ali, bokser

Kinderen zouden moeten kunnen lachen met hun leraren, en met ze kunnen dansen en knuffelen. Leraren moeten menselijk zijn. Ik ben helemaal geen voorstander van orde. Wanorde is prachtig. Alle soorten chaos zouden toegestaan moeten zijn, want uit chaos komt creativiteit en groei.

Osho, Indiase wijsgeer

Ik zou nog wel een **kind** willen. Drie is een mooie bende. Vier is echt chaos.

Beau van Erven Dorens, presentator

Ik was er **bang** voor, dacht dat een kind een belemmering in mijn vrije leven zou zijn. Maar nu weet ik wel beter. Ze zijn geen belemmering, maar juist een verrijking.

Rick Engelkes, acteur, vader van Teddie (7) en Lee (1)

Als Richard thuiskomt, staan de kinderen te springen en te dansen voor de deur: papa! Ik ben de hele dag thuis. Ik ben **moedermeubilair.**

Daphne Deckers

Ik heb speciaal voor Katies zwangerschap een **echoapparaat** gekocht. Na de geboorte doneer ik het aan een ziekenhuis.

Tom Cruise, acteur

Soms kwam er een auto met veel vaart het pad oprijden, de stenen vlogen tegen de ruiten. Prinses Beatrix rende meteen naar het raam: dat is **pappie!**

Een hofdame uit de tv-serie: 'Beatrix: wie gaat er schuil achter het masker?'

In veel Nederlandse gezinnen wordt nauwelijks over wezenlijke zaken gesproken en is de **kloof** tussen de vader en de rest van het gezin gigantisch.

Roel Wickers, psychiater

Het **vaderschap** is echt ongelooflijk. Het is als een enorme golf van liefde, maar nog veel sterker dan dat.

Guy Ritchie, regisseur, man van Madonna en (stief)vader van Lourdes en Rocco

De **liefde** van een vader is hoger dan de bergen. De liefde van een moeder dieper dan de oceaan.

Japans spreekwoord

Ik breng mijn kinderen **overal naartoe,** maar op de een of andere manier vinden ze altijd weer de weg naar huis.

Robert Orben, humorist en schrijver

Vaders zijn moeders met ballen.

Daphne Deckers

Ouders krijgen wel de schuld, maar niet de
scholing.

Thomas Gordon, Amerikaanse opvoeddeskundige en gezinspsycholoog

Ik ben dan wel niet thuis, maar mijn kinderen
zien me toch regelmatig omdat alle wedstrijden
[van de Champion's Trophy in India] live te vol-
gen zijn op Eurosport 2.

Teun de Nooijer, hockeyinternational

Kinderen zijn de enige vorm van onsterfelijk-
heid waar je zeker van kunt zijn.

Peter Ustinov, acteur

Sommige kinderen zijn koppig, luisteren niet en
willen alleen maar leren wat ze leuk vinden en
omdat ze het plezierig vinden. Wij gebruiken een
speciale naam voor zulke figuren. We noemen ze
genieën.

Glenn Doman, oprichter van The Institutes for the Achievement of Human Potential

Als kinderen hun ouders zien ruziën, verandert
dat hun karakter.

Dr. Phil, psycholoog

De man heeft geen **overheidsideetjes** nodig om een moderne huisvader te worden. Hij is allang gemodelleerd in een nieuwe gedaante en op maat gesneden naar de specifieke behoeften van zijn eigen vrouw met haar unieke dressuur-programma.

Beatrijs Ritsema, schrijfster

Liefde, mededogen en verdraagzaamheid zijn geen luxeartikelen, maar eerste **levens-behoeften**.

Dalai Lama, spiritueel leider Tibet

Mijn kinderen hebben weer een **mens** van mij gemaakt.

John McEnroe, voormalig toptennisser en ooit gekozen tot 'Father of the Year'

Mooi is dat van het leven, dat je kinderen uiteindelijk gelijkwaardige **gesprekspartners** worden. Ik heb de jarenlange ervaring. En zij hebben de frisse blik.

Jan Rietman, radiopresentator en vader van Janine en Lilian

Ik ben helemaal klaar voor het krijgen van kinderen. Ik moet alleen **nog leren** hoe ik streng moet zijn, want ik heb gemerkt dat ik kinderen wél helemaal dol kan draaien, maar ik weet nog niet zo goed hoe ik ze ook weer rustig krijg.

Matt Damon, acteur

De vrouwelijke **opvoeding** wordt steeds belangrijker. Vaders worden heel makkelijk buitengesloten. Ik zie ze wel lopen met een baby in zo'n draagzak, maar in veel gezinnen hebben mannen een marginale rol.

Else-Marie van den Eerenbeemt, familietherapeut

De mens is de **enige diersoort** die het goedvindt dat een kind weer terug naar huis komt.

Bill Cosby

Als kind ben je nog **natte verf**: één kras en het gaat er nooit meer uit.

Paul Biegel, schrijver

Toen ik nog een kind was, vroeg ik eens aan mijn vader: 'Papa, wil je met me naar de **dierentuin**?' En hij antwoordde: 'Als de dierentuin jou wil hebben, komen ze je maar halen.'

Jerry Lewis, zanger

Een vader is een man met **foto's** in zijn portemonnee op de plek waar vroeger het geld zat.

Anoniem

Ik ben **opgevoed** door mijn moeder. Mijn vader stierf namelijk toen ik acht jaar oud was. Tenminste, dat schreef hij in de brief die hij ons stuurde.

Drew Carey, Amerikaanse komiek

Vaders moederen anders. Zo stoeien ze vaker met hun kinderen. Dat doen ze zelfs met kleine baby's, die daar razend enthousiast op reageren. Het dollen en uitdagen waartoe mannen van nature zijn geneigd, sporen hun kinderen aan tot meer **zelfstandigheid**.

Daphne Deckers

Sinds de geboorte van mijn dochters ben ik veel kalmer, veel **relaxter**. Ik laat me nu niet meer gek maken. Verliezen betekent niet meer het einde van de wereld.

Albert Costa, tennisser, winnaar Roland Garros 2002

Er ligt zo'n **hummeltje** en dat is jouw zoon en daar moet jij voor zorgen. Dat was een rare gewaarwording, een totaal nieuw gevoel, een mengeling van liefde en verantwoordelijkheid. Ik kreeg er een kilo lood op mijn schouders bij.

John de Mol over zijn zoon Johnny

Als je iedere week 55 tot 60 uur werkt, reistijden inbegrepen, dan **red je het niet** als vader. Je zoon krijgt problemen in het leven en dat is aan jou te wijten.

Steve Biddulph, Australische gezinstherapeut

Nee, ik vind het **niet eng** om mijn zoon alleen te moeten opvoeden. Mijn prioriteit is dat hij moet voelen dat het allemaal goed gaat. De ogen van een kind liegen niet.

Dinand Woesthoff, zanger en gitarist

Kinderen – ze zijn niet makkelijk. Maar ja, er moet nu eenmaal een **soort straf** zijn voor seks.

Bill Maher, Amerikaanse komiek

Kijk, de vader is heel belangrijk, maar de moeder is het belangrijkst. Ik heb een heavy, moederlijk **oergevoel** waar niemand tegenop kan. De moeder weet het gewoon altijd beter.

Anouk, zangeres

Alles [op Graceland] draaide om mijn vader. Als hij in een goede bui was, werd het een geweldige dag.

Lisa-Marie Presley over haar vader Elvis

Ik ben je vader. Ik heb je op deze wereld gezet en ik kan je er ook zó weer vanaf halen!

Bill Cosby als Cliff Huxtable in The Cosby Show

Ik ben er altijd, maar dan ook altijd, wanneer mijn kinderen me nodig hebben. Dat kan voor mijn part op het voetbalveld zijn om ze aan te moedigen, of 's avonds thuis bij het maken van huiswerk.

René Froger, zanger

Er is iets vreemds aan de hand met het verschijnsel opvoeden: het gebeurt vanuit de diepste gevoelens van liefde en tegelijkertijd is het de voornaamste bron van narigheid in het leven van veel kinderen en volwassenen.

Jan Geurtz, orthopedagoog

Mijn vader was als vader afstandelijk, op het kille af. Hij was geen gemakkelijke man, maar wel is hij een van mijn favoriete acteurs aller tijden.

Jane Fonda, actrice

Mijn kinderen zullen een minder strenge opvoeding krijgen dan ik heb gehad. En ik zal meer met mijn kinderen samen zijn.

Kroonprins Frederik van Denemarken

Ik heb **nooit** goed met mijn vader kunnen opschieten. Als andere kinderen naar me toekwamen en zeiden: 'Mijn vader kan jouw vader in elkaar slaan', dan antwoordde ik: 'O ja? Wanneer?'

Bill Hicks (1961-1994), Amerikaanse komiek

Ik heb qua **carrière** al een heleboel bereikt, maar ik denk dat ik mijn geluk alleen vind als ik echtgenoot en vader ben. Dat is toch waar het leven om draait.

David Schwimmer, acteur 'Ross' uit Friends

Als er één ding de moeite waard geweest is in dit leven, is dat de **liefde**. Die poetst alles op. Al het andere heeft geen waarde.

Marten Toonder (92), 'vader' van Tom Poes en Olivier B. Bommel

Mijn moeder **kookt zó slecht** dat ik mijn kinderen met Kerstmis ver bij haar vandaan houd.

Gordon Ramsay, topkok

Hoe komt het toch dat volslagen **vreemden** op straat vragen of ze je baby even mogen vasthouden? Dit zouden we met niemand anders doen! Stel je voor: 'O, je vrouw is zo mooi, zou ik haar even mogen vasthouden?'

Robert G. Lee, Amerikaanse stand-up comedian

Als het aan de **overheid** ligt gaat het kind op zijn vierde al netjes het gareel in, krijgt het discipline aangeleerd om het klaar te stomen voor de maatschappij. Ik vind dat fout. Laat zo'n kind maar lekker rondhangen tot z'n zevende.

Henk Schiffmacher, tatoeëerder, schilder

Geluk – dat is het hebben van een grote, liefde-volle, belangstellende, hechte familie in een andere stad.

George Burns, Amerikaanse komiek

Ik heb mijn hele leven in een **vissenkom** geleefd en ik zou graag willen dat mijn zoon wél een normaal leven leidt.

Michael Jackson, bij de geboorte in 1997 van zijn zoon Prince

Die vrouwen van nu stellen zich zo aan. Mijn vrouw heeft **vijf kinderen** gebaard, met alle-maal van die dikke Römer-koppen. Maar ze gaf geen kik! Of ik bij die bevallingen was? Nee, ik stond op de gang.

Piet Römer, acteur

Ik denk dat hoe **minder** er gevreeën wordt, hoe **meer** er gesnauwd wordt.

Joke Hermsen, schrijfster en filosofe

Vlak voordat ze de namen bekend gingen maken, pakte mijn dochter mijn hand en zei: 'Papa, het maakt niet uit wie er gaat winnen, want ik vind jou toch **de beste**.' Dat was voor mij het mooiste moment van de avond.

Jamie Foxx, Oscarwinnaar 'Best Actor' voor de film 'Ray'

Het eerste woordje van Amalia? **'Papa'** natuurlijk!

Prins Willem-Alexander

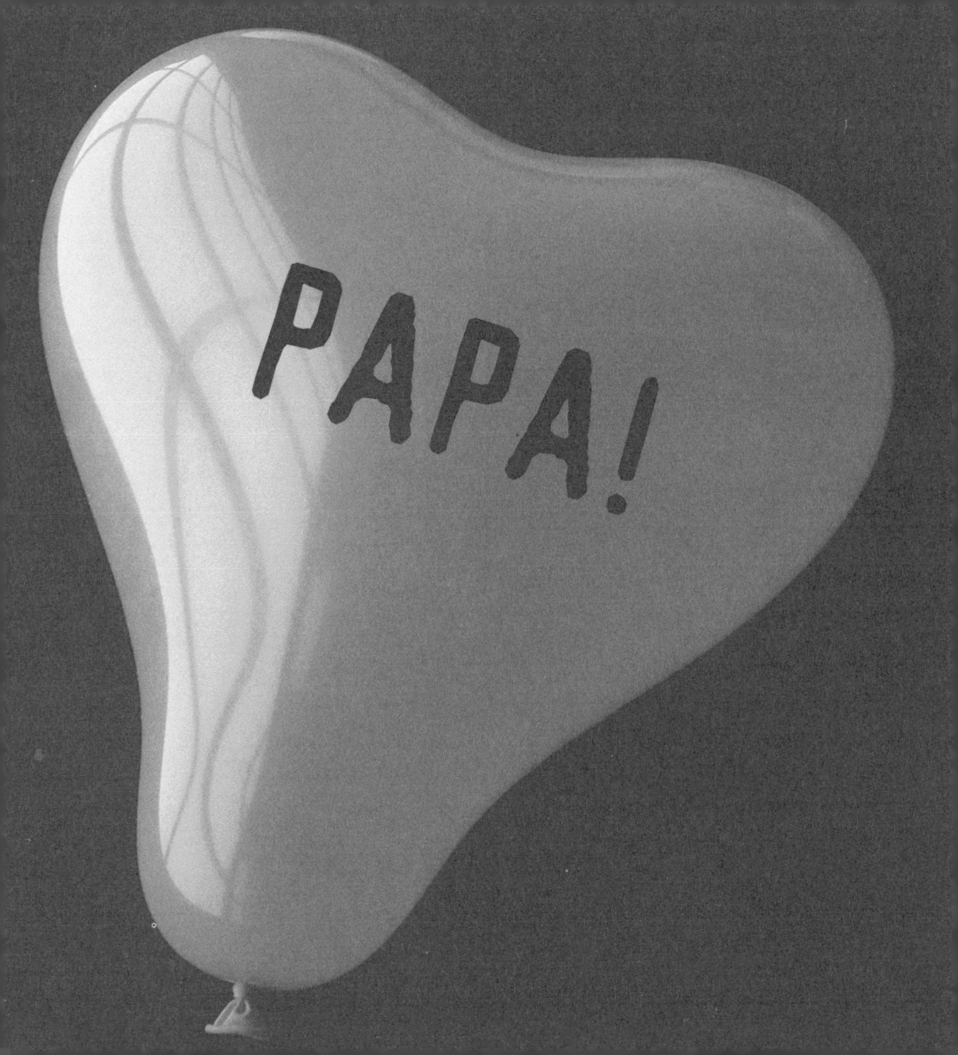
PAPA!

Als vader is het mijn **verantwoordelijkheid** om mijn kinderen te helpen zelfstandig te worden, kennis te vergaren en een brede kijk op de wereld en het leven te krijgen. Dat is het belangrijkste: er zijn.

Tom Cruise, acteur

Een baby is het geweldigste **bekeringsmiddel** dat God ooit gemaakt heeft. Zodra je met een baby, en beladen met babyspullen een vliegtuig binnenstapt, zie je alle hoofden omlaag gaan: 'O God, alsjeblieft niet naast mij. Jezus Christus, laat ze alsjeblieft doorlopen!'

Robert G. Lee, Amerikaanse stand-up comedian

I am **your father**.

Darth Vader tegen Luke Skywalker

Misschien moeten wij vrouwen eens loskomen van wat ik het **'eierstokpaardje'** noem: het waanidee dat moeders alles beter kunnen dan vaders.

Daphne Deckers

Het kost vandaag de dag méér om een kind te **amuseren** dan dat het kostte om zijn vader een opleiding te geven.

Vaughan Monroe, zanger

Van alle **wilde dieren** is de jongeman het moeilijkst om onder controle te krijgen.

Plato, Griekse filosoof uit de klassieke tijd

Er is zoveel **negatieve aandacht** voor zwarte vaders. Ik heb heel veel vrienden die een prima vader zijn voor hun kinderen. Waarom haalt dát nooit het nieuws?

Will Smith, acteur en rapper

Als mijn dochter maar vijf keer per nacht wakker wordt, heb ik het gevoel dat ik **de loterij** heb gewonnen. Ik ben 's nachts wakker en slaap overdag. Ik heb nog geen manier gevonden om haar te laten slapen. Ik heb schreeuwen geprobeerd, maar dan wordt het alleen maar erger. Dan huilt ze nóg meer!

Goran Ivanisevic, voormalig proftennisser en Wimbledonwinnaar

Zij heeft haar **uiterlijk** van haar vader. Hij is plastisch chirurg.

Groucho Marx, komiek

Tegen de tijd dat een man zich gaat realiseren dat zijn vader gelijk had, heeft hij zélf een zoon die vindt dat hij ongelijk heeft.

Charles Wadsworth, Amerikaanse predikant

Mijn vader en ik hebben van die pyjama-feestjes samen. Als we niet kunnen slapen, blijven we de hele nacht op en geven elkaar beauty-tips. Mijn vader weet alles over crèmes en maskertjes.

Liv Tyler, actrice, over rocker Steven Tyler van Aerosmith

Als papa is het leuk om een knuffel te krijgen, maar dan moet je echt bij de meiden zijn. De jongens doen dat niet.

Hans Breukhoven, directeur Free Record Shop, vader van vier kinderen

Als ik **stout** ben geweest, kan ik dat soms beter tegen paps vertellen. Mams wordt er altijd zo triest van.

Shanna Breukhoven, over haar ouders Hans en Conny Breukhoven

De film '**On Golden Pond**' heb ik in 1981 speciaal voor mijn vader opgezet. Ik wilde hem een geweldige rol geven aan het einde van zijn leven en ik hoopte dat hij er een Oscar mee zou winnen. Dat lukte, alles kwam uit. Ook was het mooi en ontroerend dat ik met hem in dezelfde film kon spelen. Een lang gekoesterde wens.

Jane Fonda

Het krijgen van een dochter is voor een vader de
verrassing van zijn leven.

Else-Marie van den Eerenbeemt, familietherapeute

Scoorde ik bij Barcelona, dan kwamen de kinderen thuis met gekregen **chocolaatjes**. Had ik
twee kansen gemist, dan was het '**klootzak** van
een vader' en geen chocolaatjes. Maar ik probeer-
de de kinderen duidelijk te maken: als ik win
kom ik je van school ophalen, maar als ik verlies
ook. Er zit geen verschil tussen, ik ben je vader
en voor de rest niets. Als wij onder elkaar thuis
zijn, dan ben je gewoon de vader van je kinderen. Het heeft er niets mee te maken of je voet-
balt, tennist of de was buiten hangt.

Johan Cruijff

Toen ik mijn dochter kreeg, dacht ik: ik heb in mijn **hele leven** nog nooit een vrouw begrepen – en nu heb ik er zelf één.

Sean Penn, acteur

Ouders mogen van zichzelf graag denken dat zij onvoorwaardelijk zijn in hun liefde voor de kinderen, maar niets is minder waar. Al van jongs af aan moet het kind presteren (lopen, fietsen, rekenen, netjes eten, afwassen en de hond uitlaten) wil hij een blik van goedkeuring in de wacht slepen.

Jeffrey Wijnberg, psycholoog

Het sportgevoel van toen is een 'vader-en-zoon-gevoel'. Mohammed Ali tegen Joe Frazier. 's Nachts samen met mijn vader opstaan. Wat een geluksgevoel was dat.

John de Mol, mediatycoon

Papa: net als mama. Maar dan hariger.

Titelpagina van een Amerikaanse vadersite

Mijn vader is de ruggengraat van ons gezin. Wat er ook was, hij heeft altijd voor me klaargestaan.

Whitney Houston, zangeres

Hoe waar waren **papa's woorden** toen hij zei dat alle kinderen voor hun eigen opvoeding moeten zorgen. Ouders kunnen alleen maar goede adviezen geven of hun kinderen de juiste wegen wijzen, maar de uiteindelijke vorming van iemands karakter ligt in zijn eigen handen.

Anne Frank

Voor een kind is een vader **een reus** vanaf wiens schouders je eindeloos ver kunt kijken.

Perry Garfinkel, Amerikaanse journalist

Meteen na God in de hemel komt **papa**.

Wolfgang Amadeus Mozart (1756-1791), componist

Ik ben altijd blij als mijn vader naar Londen komt. Met hem kan ik **klaverjassen**, dat kan ik met [mijn vriendin] Bernadien niet.

Arjen Robben, voetballer

Veel vaders zouden **zo sterk** willen zijn dat ze het telefoonboek in tweeën konden scheuren. Vooral vaders met tienerdochters.

Guy Lombardo (1902-1977), beroemde Canadese dirigent en violist

Een vader is iemand die je helpt met **opruimen** vlak voordat mama thuiskomt.

Anoniem

Opvoeden is deels plezier en deels guerrilla-oorlog.

Ed Asner, Amerikaanse acteur

Kinderen hoeven nergens meer heen waar het voor hen 'niet leuk' is. Daardoor krijgen ze het idee dat alles om hen draait. Ze worden ook niet meer afgeremd. […] Kleine kinderen mogen volwassenen voortdurend hinderen. En die staan daar dan ontzettend om te lachen. Dat zie je ook in reclames vlak voor Sesamstraat: door zich te misdragen krijgen kinderen hun zin.

Thomas Rosenboom, schrijver

Want het valt natuurlijk niet mee, het moderne vaderschap. Niet dat het moderne moederschap een picknick is, of het hedendaagse kindschap, trouwens, en dan ga ik even voorbij aan het eigentijdse grootouderschap, waarover laatst in Senior (of was het Plus, of Nestor, of Midi?) te lezen viel dat het zonder regelmatige bijscholing nauwelijks verantwoord valt uit te oefenen, kortom: elke vorm van zijn is tegenwoordig een bron van twijfel en onzekerheid.

Jan Kuitenbrouwer, schrijver en columnist

Een groot mens is iemand die altijd het hart van een kind behoudt.

Meng Tse, Chinese filosoof

Björn is nu acht maanden, hij is een makkelijk kind. Hij zal het niet gauw midden in de nacht op een huilen zetten. Volgens mij heeft hij al op jonge leeftijd begrepen dat een goede nachtrust heel belangrijk is voor zijn vader.

Dennis van der Geest, judoka

Dochters. Als ze de juiste leeftijd hebben bereikt, zijn ze ook nog allemaal tegelijk ongesteld, moeder op kop. Probeer in zo'n kippenhok maar eens je gezag te doen gelden. Juist op zulke dagen heeft een man een zoon nodig om mee te vissen en te voetballen en zijn hart bij te luchten.

Martin Bril, columnist

Kinderen hebben het vermogen om zich niks aan te trekken van kansberekening of winstverwachting. Daar kunnen wij wat van leren.

Lance Armstrong, wielrenner

Hoe vaak wenste ik niet dat mijn vader achter mijn stoel stond, dat hij met zijn hand over mijn haar streek zoals hij deed toen ik nog een kind was.

Charles Darwin, Engelse natuurkundige

Ik functioneerde vroeger niet zonder drank.
Ik moest dronken zijn om mijn problemen aan
te kunnen. Maar nu ik kinderen heb, is alles zo
duidelijk als wat. Mijn kinderen hebben mij
gered van mijn ondergang.

Johnny Depp, acteur

In mijn tv-programma 'Help, ik word vader' heb
ik gezien dat vaders niet in staat zijn om vooruit
te denken. Ze improviseren maar wat en gaan
dus van paniekbeslissing naar paniekbeslissing.

Tooske Breugem, tv-presentatrice

Ouders dwingen respect af als ze hun kinderen af en toe negeren of net doen alsof. Dan denkt zo'n kind: laat ik maar lief zijn, dan krijg ik misschien een beloning: aandacht.

Thomas Rosenboom

Nadat ik kinderen had gekregen, heb ik geen grote toernooien meer gewonnen. Maar zonder mijn kinderen zou ik nooit de persoon geworden zijn die ik nu ben; ik ben van ver gekomen. Ik had het nooit willen ruilen, dus dat ik méér grand slams had gewonnen maar een waardeloos mens of een waardeloze vader was geweest.

John McEnroe, voormalig toptennisser

Ik heb nooit iets over hem gevraagd. Met mijn moeder heb ik nooit met één woord over hem gesproken. Het lijkt misschien raar, maar het is zo. Het feit dat hij het DNA waaruit ik besta heeft geleverd, maakt hem nog niet tot mijn vader.

Lance Armstrong, wielrenner, over zijn vader Eddie

Nu, met die nieuwe plaat, is het moeilijk. Ik zou eerst drie maanden in Amerika zitten, maar dat ging niet. Ik wil niet dat [mijn zoon] Dean al die tijd met mij in een hotel zit. Dus ik heb heel veel heen en weer gevlogen. Ik had enorme jet-lags, werd veel ziek en het zingen ging voor geen meter. Maar ik wilde hem gewoon zien.

Dinand Woesthoff

Weinig mannen realiseren zich dat kinderen **geen uitknop** hebben. Er zitten geen batterijtjes in. En het gaat niet alleen om spelen, maar ook om eten geven, in bed doen, luiers verwisselen en naar bed brengen.

Tooske Breugem

Hoe moet het zijn voor een klein jongetje om te lezen dat zijn papa **nooit** van zijn mama heeft gehouden?

Prinses Diana

Ik hoor mezelf de laatste tijd van die verschrikke-
lijke kreten roepen: 'Omdat ik het zeg!' of:
'Zolang je in mijn huis woont, houd je je aan
mijn regels!' **Vreselijk!** Alsof ik mijn eigen
vader weer hoor.

Victor Reinier, acteur

Mannen begrijpen dat jongens het nodig hebben
soms een beetje **stoer** te doen en uit te razen,
vrouwen willen dat gedrag liever temperen.

Louis Tavecchio, bijzonder hoogleraar kinderopvang Universiteit van Amsterdam

Aan de ene kant vind ik het **heel sexy** dat Richard geen lillende kantoorbuik heeft maar nog steeds een mooie sixpack, maar aan de andere kant vind ik het nog véél aantrekkelijker dat hij zo'n leuke vader is. Kijk, fitnessen kunnen we allemaal (hoewel – ik niet), maar als ik zie hoe leuk Richard met onze kinderen door de tuin rolt, hoe hij met ze kan stoeien en eindeloos spelletjes met ze kan spelen, hoe ze samen gaan fietsen en van een wc-rolletje een schaap knutselen... dan ben ik pas écht verliefd op hem!

Daphne Deckers

Het is de **vaderfiguur** die inzicht verstrekt in het verschil tussen de wereld van het gezin en de maatschappij, waar niet alleen welbehagen maar ook werk is, waar naast vriendelijkheid ook strijd is, waar behalve gewonnen ook verloren wordt.

Leonard Boff, theoloog

Mannen zijn **ongelukkiger** naarmate ze meer tijd besteden aan huishoudelijke taken en de zorg voor de kinderen.

Judith Cornelisse-Vermaat, econome

Ik werk **niet thuis**. Het lijkt me verschrikkelijk om tegen mijn kinderen te moeten zeggen: 'Stil, jongens, papa is aan het scheppen.'

Joost Zwagerman, schrijver

Je doet een vrouw geen groter plezier dan met de **grote schoonmaak** en veel aandacht voor de kinderen.

Peter Heerschop, cabaretier

Het was enorm **frustrerend** om te zien dat ík een uur aan het pielen was, en Annemarie [onze dochter] Teddie binnen een minuut weer stil wist te krijgen.

Rick Engelkes, acteur en theaterproducent

Vóór onze kinderen zich aandienden, hebben Margriet en ik natuurlijk besproken hoe we het zouden gaan aanpakken: we wilden de **taken** zo gelijk mogelijk verdelen. Maar zoals dat gaat met goede voornemens... het liep anders.

Dolf Jansen, cabaretier Lebbis en Jansen

Mijn deel van de opvoeding doe ik **op gevoel**. Ik ben een hapsnap man. Mijn vrouw heeft een beter beeld van hoe de dingen moeten. Ik wil ze vooral zelfvertrouwen geven. Hen leren dat ze kunnen bereiken wat ze willen.

Jochem van Gelder, radiopresentator 'Praatjesmakers'

Als je **geen kinderen** hebt, blijf je tot op zekere hoogte zelf kind. Door mijn kinderen kijk ik vooruit. Ze wijzen mij op de spirituele kern waarmee ik mij tot mijn familie en mijn geschiedenis hoor te verhouden.

Ad Verbrugge, filosoof

Opvoeden is **niet makkelijk**. Ik heb zelf ook een dochter dus ik weet er alles van. Ik wil dat ze ergens haar best voor doet, maar ik wil ook dat ze het leuk heeft in haar leven. Het is moeilijk die weegschaal in evenwicht te houden.

Tjerk Bogtstra, Davis Cup-captain

[Ik realiseerde me] dat mijn dochter dan natuurlijk vriendjes zou krijgen, minnaars, mannen die naar haar hand zouden dingen. Dat vond ik een moeilijke gedachte, vooral als ik me er enorme negers, brute loodgieters of typisch 'foute' mannen bij voorstelde, zeg maar **mannen als mezelf**.

Martin Bril, columnist

Op het moment waarop onze dochter Day ter wereld kwam, was het alsof de zon doorbrak na een heftig onweer.

John Ewbank, componist en tekstschrijver van Marco Borsato

Een kind dat vroeger 'dromerig' heette, heeft nu opeens een 'aandachtstekort'. We hebben boeken over hoe je naar je kind moet lachen, klasjes hoe je je kind moet knuffelen. Geen wonder dat ouders zich overweldigd voelen.

Prof. Frank Furedi, auteur van 'Paranoid Parenting' (Bange Ouders)

De jeugd van tegenwoordig draag ik een warm hart toe. Juist daarom is het des te schrijnender hoeveel ouders vandaag de dag volledig ontsporen.

Jeffrey Wijnberg, psycholoog

Ik ga liever met mijn vijfjarige dochter shoppen dan met mijn vrouw; bij mijn dochter heb ik tenminste nog iets in te brengen.

Daniël Boissevain, acteur

Voor mijn drie kinderen was ik erop gebrand om op het hoogste niveau afscheid te nemen van de wielersport. Het laatste beeld van hun vader als sporter moest dat van een kampioen zijn.

Lance Armstrong, zevenvoudig Tourwinnaar

Een kindje is goed voor de **discipline**. Als nachtmens bleef ik 's ochtends nog wel eens een uurtje langer liggen en ging ik later naar de sport- school. Nu kom ik makkelijker mijn bed uit. Als ik de smile van die kleine zie ben ik meteen wakker.

Dennis van der Geest, judoka

Mijn absolute **lievelingsgeur** is die van een pasgeboren baby. Dat is echt zo onbeschrijflijk lekker.

David Beckham, voetballer

Weet je wat het ergste is wat mij kan overkomen? Dat een van mijn dochters **vegetariër** wordt.

Gordon Ramsay, Engelse topkok

Tegenwoordig kunnen kinderen een dag met hun ouders doorbrengen zonder meer dan 'hoi' te zeggen. Het is het **home alone-syndroom**: iedereen leeft onder één dak, maar in zijn eigen wereld.

Dr. Pat Spugin, Engelse kinderpsychologe

Ze zeggen dat de **geboorte** een 'gedeelde ervaring' is. Hoe komen ze op dat idee? Poep ík er soms een bowlingbal uit? Besnijd ík mezelf met een kettingzaag? Open ík een paraplu in mijn reet? *I don't think so!*

Robin Williams, acteur

Aan het einde van de dag je **oprijlaan oprijden**, je vrouw en kinderen begroeten en op de bank ploffen; dat thuisgevoel heb ik hervonden en zonder dat kan ik niet meer.

Jon Bon Jovi, zanger Bon Jovi

'Omkopen' is gewoon een onaardig woord voor positief prikkelen. En bij opvoeden geloof ik in positief prikkelen. Natuurlijk moet je je kinderen geen cadeautjes geven zodat ze naar bed gaan, maar af en toe, bij een noodzakelijke maar onprettige gebeurtenis als de mondhygiëniste of een vaccinatieronde, is een ouderwets omkopertje zoals een ijsje een prima tactiek.

Steven D. Levitt, econoom en columnist

Als je kind gezond is, heb je wel **duizend wensen**. Als je kind ziek is, nog maar één.

Daphne Deckers

In **vredestijd** begraven de zonen hun vaders. In oorlogstijd begraven de vaders hun zonen.

Herodotus, Griekse geschiedschrijver uit de klassieke tijd

Als renners thuis een vrouw hebben die in verwachting is, rijden ze **altijd goed** in de Tour de France. Lach niet, dat is bewezen.

Hennie Kuiper, wielrenner

Door het **vaderschap** wordt je leven fysieker. Je bent met een kind, een wezentje bezig. Je houdt het vast, verzorgt het en bent voortdurend waakzaam. (...) Als je een kind hebt, moet je willen dat het goed gaat met de wereld.

P.F. Thomése, schrijver

Het **leervermogen** van kinderen wordt stelselmatig onderschat. Ook mijn eigen kinderen en hun vriendjes verrassen mij voortdurend met hun slimme vragen, snelle inzichten en conclusies. Zoals kinderen hyperactief door het huis rennen, doen ze dat geestelijk eigenlijk ook.

Robbert Dijkgraaf, hoogleraar mathematische fysica aan de Universiteit van Amsterdam

Ik geloof niet dat geluk **iets blijvends** is. Ik was zo gelukkig bij de geboorte van mijn drie kinderen, zo gelukkig om ze te zien opgroeien binnen het gezin. Maar hoe gelukkiger je bent, des te verdrietiger ben je achteraf.

Alain Delon, Franse filmster en gescheiden vader

Of ik wil dat een van mijn zes zonen gaat acteren? Nee, ik wil dat mijn kinderen een **echte baan** zoeken!

Bill Murray, acteur

Opa worden is voor mannen de **herkansing** van het leven.

Else-Marie van den Eerenbeemt, familietherapeute

Wanneer je **een kind** hebt gekregen, sta je in het gemeentehuis in de rij tussen mensen die een paspoort komen halen want je komt aangifte doen. Aangifte, over wantrouwen gesproken, alsof het gaat om een misdrijf. Mijn vrouw heeft de euvele moed gehad om een kind te krijgen. Na enkele formaliteiten (er staat nog net geen boete of leges op) ga je weer naar huis. Iets minder blij dan je was.

Peter Cuyvers, directeur van Family Facts

Het is moeilijk voor mij om mijn kinderen te overtuigen van het gevaar van **drugs**, omdat ik zelf ook aan de verdovende middelen heb gezeten. Het enige wat ik kan doen is hen zo goed mogelijk opvoeden.

Rod Stewart

Anouk (Elle)
Lance Armstrong (uit: *Door de pijngrens*.
Uitg. Het Spectrum, De Telegraaf)
Joop van Basten (AVRO-documentaire 'Hoge
Bomen')
Frans Bauer (Ditjes en Datjes)
David Beckham (De Telegraaf)
Steve Biddulph (uit: *Jongens, hoe voed je ze
op?* Uitg. Elmar)
Paul Biegel (Nederlands Dagblad)
Leonard Boff (NRC Handelsblad)
Tjerk Bogtstra (De Telegraaf)
Daniël Boissevain (VARA TV Magazine)
Marco Borsato (Margriet)
Tooske Breugem (De Telegraaf)
Hans Breukhoven (De Telegraaf)
Shanna Breukhoven (De Telegraaf)
Martin Bril (de Volkskrant, Linda)
Robert ten Brink (Margriet)
Xander de Buisonjé (De Telegraaf)
George Burns (uit: Comedy Comes Clean)
George Bush (St. Louis-debat, 2000;
Candidacy Announcement speech, 1999)
Drew Carey (The Comedy Quote Dictionary)
Bart Chabot (De Telegraaf)
Tim Conway (uit: Comedy Comes Clean)
Judith Cornelisse-Vermaat (De Telegraaf;
stelling uit haar proefschrift: *Huishoudelijk
werk, gezondheid en geluk; een vergelijking
tussen autochtone Nederlanders en immi-
granten.)*
Bill Cosby (uit: *Fatherhood)*
Albert Costa (Tennis Magazine)
Johan Cruijff (uit: *Honger naar de bal*. Tirion
Uitgevers)
Tom Cruise (Rolling Stone, 2004; bij Barbara
Walters)

Peter Cuyvers (in zijn Nationale Jeugdlezing
2002)
Matt Damon (People)
Charles Darwin (uit: *Life and letters of
Charles Darwin*)
Daphne Deckers (uit: *De geboorte van een
gezin, Pedagoochelen*. Tirion Uitgevers,
Libelle)
Midas Dekkers (VARA TV Magazine)
Alain Delon (Hello)
Johnny Depp (De Telegraaf)
Robbert Dijkgraaf (Elsevier)
Prof. Maarten Doorman (Vrij Nederland,
24-4-04)
Else-Marie van den Eerenbeemt (De
Telegraaf en Elsevier, 30-4-05)
Rick Engelkes (De Telegraaf, Flair)
John McEnroe (Inside Tennis)
Beau van Erven Dorens (Margriet)
John Ewbank (Linda)
Colin Farrell (Daily Mail)
Jamie Foxx (US Weekly)
Anne Frank (uit: *Het dagboek van Anne
Frank*. Uitg. Bert Bakker)
Kroonprins Frederik van Denemarken (Gala,
Duits tijdschrift)
René Froger (De Telegraaf)
Jane Fonda (Elsevier)
Prof. Frank Furedi (Sunday Herald)
Dennis van der Geest (Elsevier, Sport
International)
Jochem van Gelder (Flair)
Jan Geurtz (uit: *Het einde van de opvoeding.*
Uitg. Ambo)
Mel Gibson (www.tiscali.co.uk)
John Gray (uit: *Mars en Venus krijgen een
kind*. Uitg. Het Spectrum)

Peter Heerschop (Linda)
Joke Hermsen (Intermediair)
Haye van der Heyden (uit: *O, o, o, wat is het toch fijn om getrouwd te zijn*. Uitg. Contact)
Bill Hicks (The Comedy Quote Dictionary)
Henny Huisman (De Telegraaf)
Goran Ivanisevic (www.saidwhat.co.uk)
Michael Jackson (www.eonline.com)
Dolf Janssen (Flair)
Freek de Jonge (uit: De Goeroe en de Dissident)
Max Kaufmann (uit: Comedy Comes Clean)
Hennie Kuiper (Elsevier)
Jan Kuitenbrouwer (HP/DE TIJD)
Robert G. Lee (www.robertglee.com)
Steven D. Levitt (Child)
Jerry Lewis (uit: Comedy Comes Clean)
Victor Löw (Glossy)
Bernie Mac (People)
Bill Maher (The Comedy Quote Dictionary)
Groucho Marx (www.saidwhat.co.uk)
John de Mol (Linda, Sportweek)
Vaughan Monroe (The Speakers Encyclopedia)
Bill Murray (Marie Claire, UK)
Teun de Nooijer (De Telegraaf)
Osho (uit: *Don't just do something, sit there*)
Luciano Pavarotti (De Telegraaf)
Dr. Phil (Dr. Phil-show)
Plato (The Speakers Encyclopedia)
Lisa-Marie Presley (uit: *Elvis by the Presleys*. Crown Publ.)
Gordon Ramsay (De Telegraaf)
Victor Reinier (uit: *Ouders van Nix*. Uitg. Contact)
Jan Rietman (De Telegraaf)

Regisseur Guy Ritchie (US Weekly)
Beatrijs Ritsema (HP/De Tijd, 18-7-97)
Arjen Robben (Elsevier)
Piet Römer (bij Barend en Van Dorp)
Thomas Rosenboom (HP/DE TIJD)
Henk Schiffmacher (Papa!, tijdschrift voor vaders)
Arnold Schwarzenegger (People)
David Schwimmer (De Telegraaf)
Maria Shriver (De Telegraaf)
Red Skelton (uit: Comedy Comes Clean)
Will Smith (www.saidwhat.co.uk, NY Rock)
Dr. Pat Spugin (De Telegraaf)
Jonathan Stamp (VARA TV Magazine)
Louis Tavecchio (Linda)
P.F. Thomése (HP/DE TIJD)
Marten Toonder (De Telegraaf)
Quinty Trustfull (De Telegraaf)
Liv Tyler (www.saidwhat.co.uk)
Herman van Veen (Happinez)
Ad Verbrugge (Elsevier)
Charles Wadsworth (www.saidwhat.co.uk)
Denzel Washington (CNN)
Roel Wickers (De Telegraaf)
Jeffrey Wijnberg (De Telegraaf)
Prins Willem-Alexander (Kinderpersbureau)
Dinand Woesthoff (De Telegraaf, Marie-Claire)
Joost Zwagerman (De Telegraaf)

Bronnen

Even aan mijn moeder vragen

De 200 leukste quotes over het moederschap,
verzameld door Daphne Deckers

Even aan mijn moeder vragen is een vrolijke
collectie van de meest verrassende, grappige of juist tenenkrommende uitspraken
over het moederschap, verzameld door
Daphne Deckers. Van Koningin Beatrix tot
Pamela Anderson en van Madonna tot
Linda de Mol - iedereen komt aan bod.
Een bloemlezing van Daphnes eigen citaten uit haar boeken en columns mag hier-
bij natuurlijk niet ontbreken. *Even aan mijn
moeder vragen* is een geestig en vaak ook
ontroerend boekje dat leuk is om cadeau te
geven of cadeau te krijgen!

ISBN 90.4390.829.0